8ᵉ F Pièce
1806

AF383821

COMMENTAIRE

DE LA

LOI DU 9 MARS 1891

SUR

LES DROITS DE L'ÉPOUX

DANS LA SUCCESSION DE SON CONJOINT PRÉDÉCÉDÉ

DROIT CIVIL ET DROIT FISCAL

COURS PROFESSÉ A L'ÉCOLE DE NOTARIAT DE PARIS

PUBLIÉ PAR

LA NOUVELLE REVUE MENSUELLE

DES DROITS D'ENREGISTREMENT ET DE TIMBRE

Prix : 1 fr. 50

Envoi franco contre mandat de 1 fr. 50 adressé à M. le Directeur de la « Nouvelle Revue mensuelle des Droits d'Enregistrement et de Timbre », 141, avenue de Neuilly, (Neuilly-sur-Seine).

NOUVELLE REVUE MENSUELLE

DES DROITS D'ENREGISTREMENT ET DE TIMBRE

COMPRENANT :

1º Le Nouveau Dictionnaire des Droits d'Enregistrement et de Timbre ;

2º Le Journal de Jurisprudence

3º Une Petite Correspondance

4º Le Bulletin de nominations (dans ce Bulletin sont insérées gratuitement les offres et demandes d'études de notaires, avoués, greffiers, huissiers, agents d'affaires, commissaires-priseurs, etc.)

PRIX DES ABONNEMENTS PAR AN

A la *Nouvelle Revue*. (quatre parties).............................. **15 fr.**

Au *Journal* et à la *Petite Correspondance* seuls................. **5**

Au *Bulletin* seul.. **1 50**

A la *Préparation par Correspondance* .... (par mois) **5 fr.**

La *Nouvelle Revue mensuelle des Droits d'Enregistrement* a pour but d'éviter les trois grands inconvénients que présentent les ouvrages complets d'enregistrement :

Prix trop élevé ;

Discussions trop longues ;

Nécessité de nouvelles éditions qui se succèdent à peu d'intervalle.

Le prix des trois parties de la *Revue* est de 15 fr. par an, c'est-à-dire qu'il est égal à celui du supplément seul des autres recueils. Une fois le dictionnaire terminé, dans trois ans, le prix annuel de la Revue ne sera plus que de **5 fr.**

Nota. — MM. les abonnés pourront, par anticipation, se procurer le *Dictionnaire* complet au bout d'un *an et demi*, et ils auront alors droit, gratuitement, au service du *Journal de Jurisprudence* et de la *Petite Correspondance* pendant le surplus de trois ans

Le *Dictionnaire* a été rédigé spécialement à l'usage de MM. les *Notaires, Clercs de Notaires, Agents d'affaires et jeunes Employés de l'Enregistrement.*

Il donne les solutions d'après la jurisprudence la plus récente et dégagées de tous les exposés de systèmes et discussions qui ne servent, le plus souvent, qu'à embrouiller la question.

Le *Journal de la Jurisprudence* donne, chaque mois, l'analyse des décisions, jugements arrêts, etc., ainsi que le texte de lois et décrets. Il est beaucoup plus facile à consulter que les suppléments des autres ouvrages (trois fois plus chers), puisque la personne qui cherche trouve le résumé tout fait au lieu d'être obligé de le faire elle-même de tête. De plus, au bas de chaque article, on indique les endroits où les questions sont traitées dans les autres dictionnaires. ce qui rend la *Nouvelle Revue* très utile à ceux qui possèdent déjà les autres dictionnaires. Non-seulement, ainsi qu'il est expliqué plus haut, le *Dictionnaire* et le *Journal de la Jurisprudence* offrent, par eux-mêmes, de très grands avantages, mais, au moyen de la *table des annotations et références, ils sont à l'abri des atteintes du temps. Tandis que les autres publications doivent être périodiquement renouvelées par suite des nombreux changements qui surviennent dans la jurisprudence (renouvellement qui coûte chaque fois 150 francs au moins), le Dictionnaire de la Revue restera toujours au courant. En effet, la table des annotations et références contient tous les mots, titres; sous-titres et paragraphes du Dictionnaire et dans le même ordre (ordre alphabétique). Toutes les décisions nouvelles sont analysées et intercalées dans cette table, à la place qu'elles devaient occuper dans le Dictionnaire.*

La table étant refondue chaque année, les solutions nouvelles y prennent la place des anciennes, et on évite ainsi le renouvellement périodique et les annotations en marge, toujours incomplètes.

Nous avons reproduit ci-après une page quelconque du dictionnaire, du journal et de la table.

Par la *Petite Correspondance*, la *Nouvelle Revue* répond à toutes les questions qui lui sont posées en matière d'enregistrement et de timbre, moyennant la somme de un franc par question.

COMMENTAIRE

DE LA

LOI DU 9 MARS 1891

SUR

LES DROITS DE L'ÉPOUX

DANS LA SUCCESSION DE SON CONJOINT PRÉDÉCÉDÉ

DROIT CIVIL ET DROIT FISCAL

COURS PROFESSÉ A L'ÉCOLE DE NOTARIAT DE PARIS

PUBLIÉ PAR

LA NOUVELLE REVUE MENSUELLE

DES DROITS D'ENREGISTREMENT ET DE TIMBRE

Prix : 1 fr. 50

Envoi franco contre mandat de 1 fr. 50 adressé à M. le Directeur de la « Nouvelle Revue mensuelle des Droits d'Enregistrement et de Timbre », 141, avenue de Neuilly, (Neuilly-sur-Seine).

LOI DU 9 MARS 1891

DROIT CIVIL ET FISCAL

TEXTE DE LA LOI

Art. 1er. — L'art. 767 du Code civil est ainsi modifié :

« ART. 767. — Lorsque le défunt ne laisse ni parents au degré successible, ni enfants naturels, les biens de sa succession appartiennent en pleine propriété au conjoint non divorcé qui lui survit et contre lequel n'existe pas de jugement de séparation de corps passé en force de chose jugée.

« Le conjoint survivant non divorcé qui ne succède pas à la pleine propriété, et contre lequel n'existe pas de jugement de séparation de corps passé en force de chose jugée, a, sur la succession du prédécédé, un droit d'usufruit qui est :

« D'un quart, si le défunt laisse un ou plusieurs enfants issus du mariage ;

« D'une part d'enfant légitime le moins prenant, sans qu'elle puisse excéder le quart, si le défunt a des enfants nés d'un précédent mariage ;

« De moitié dans tous les autres cas, quels que soient le nombre et la qualité des héritiers.

« Le calcul sera opéré sur une masse faite de tous les biens existant au décès du *de cujus*, auxquels seront réunis fictivement ceux dont il aurait disposé, soit par acte entre vifs, soit par acte testamentaire, au profit de successibles, sans dispense de rapport.

en force de chose jugée. Succède seul l'époux non divorcé ou celui en faveur de qui a été rendu le jugement prononçant la séparation.

Le tarif du droit de mutation par décès est de 9 0[0 (L. 28 avril 1816, art. 53).

SECTION DEUXIÈME

Droit de déshérence de l'Etat.

A défaut du conjoint survivant non divorcé, la succession est acquise à l'Etat (Code civil, 768) ; elle lui est également acquise au cas où un jugement de séparation de corps aura été prononcé contre le conjoint survivant. C'est la conséquence directe de ce que nous venons de dire à la section précédente.

CHAPITRE II

Droits de l'époux survivant successeur irrégulier en usufruit.

SECTION PREMIÈRE

Délivrance de l'usufruit.

Ainsi qu'il résulte de la discussion parlementaire, l'époux survivant n'est pas héritier, il n'a pas la saisine (C. civ. 724) ; s'ensuit-il qu'il doive demander la délivrance de son usufruit soit aux héritiers réservataires, comme le légataire universel (C. civ. 1,004), soit à ces mêmes héritiers, au légataire universel ou aux autres successibles comme le légataire à titre universel (C. civ. 1011) et le légataire à titre particulier (C. civ. 1014), ou se faire envoyer en possession par une ordonnance du président comme le légataire universel dont le titre, en l'absence de tout héritier réservataire, repose sur un testament olographe ou mystique (C. civ. 1008), ou par un jugement du tribunal civil, comme les successeurs irréguliers en toute propriété, enfant naturel, époux survivant et Etat (C. civ. 770 et 773)? Cette question est facile à résoudre.

Je ne m'appuierai pas, pour soutenir la négative, sur ce fait que la jurisprudence, en présence de l'art. 893 du C. civ., considérant que les donations entre époux *mortis causa*, quelle qu'en soit la forme, sont des donations entre vifs qui saisissent de plein droit le donataire, décide que celui-ci n'est tenu à aucune demande en délivrance ni à aucun envoi en possession. La situation est toute autre. Il s'agit ici d'un droit de succession, et aucune assimilation n'est possible. Je comparerai seulement les droits de l'époux à ceux de l'enfant naturel en concours avec des successibles. L'enfant naturel n'est pas héritier et n'a pas la saisine C. civ. 756), il a cependant droit à une quote part de l'hérédité (C. civ. 759), il y a identité de situation, il doit donc y avoir identité de formalités. Or, la jurisprudence, décide qu'il y a lieu de demander la délivrance à l'héritier réservataire, au légataire universel ou aux autres successibles, assimilant cette part à un legs à titre particulier. Nous nous conformerons à ces décisions et adopterons la même conclusion.

Cet usufruit ne procédant pas d'un legs, c'est-à-dire de la volonté du défunt, mais d'une dévolution successorale, c'est-à-dire de la loi, la loi du 28 février 1872 n'est pas applicable et le droit gradué de délivrance de legs n'est pas dû. Le seul droit exigible est le droit fixe de 3 fr. (L. du 22 frim. an VII, art. 68, § 1, n° 51, — 18 mai 1850, art. 8; — 28 février 1872, art. 4.)

SECTION IIe

Décharge de l'usufruit

Nous appellerons décharge de l'usufruit l'acte qui met l'époux survivant en possession de ses droits.

ARTICLE PREMIER. — PARTAGE

Cette décharge peut résulter d'un partage, c'est-à-dire de l'attribution à l'époux survivant, dans un acte réglant les droits de tous les héritiers ou légataires, de valeurs successorales pour le remplir de son usufruit. Cet acte entraîne les droits ordinaires de partage (droit gradué) sur l'ensemble des biens partagés ou de soulte (droits proportionnels) sur les retours de lots, sans préjudice des autres droits motivés par les dispositions indépendantes qu'il renferme.

ARTICLE 2. — LOTISSEMENT

Elle peut s'opérer également par lotissement, c'est-à-dire par l'attribution à l'époux survivant d'une partie des biens représentant ses droits en usufruit le surplus restant indivis entre tous les autres ayants-droit. Cet acte motive la même perception avec cette différence que le droit gradué ne peut être liquidé sur les biens laissés dans l'indivision et porte seulement sur les valeurs attribuées à l'usufruitier.

———

SECTION III⁰

Délivrance et décharge

Si la délivrance résulte implicitement ou explicitement de la décharge sans qu'il ait été dressé d'acte particulier de délivrance, le droit fixe de délivrance ne saurait se cumuler avec le droit gradué de partage, ce dernier est seul dû et la délivrance ne doit être considérée que comme une disposition dépendante exempte de tout droit. (L. 22 frim. an VII, art. 11).

———

SECTION IV⁰

Réunion de l'usufruit à la nue propriété

ARTICLE PREMIER. — RENONCIATION PURE ET SIMPLE

Une renonciation pure et simple telle qu'il s'en produit fréquemment en matière de succession (C. C. 784) ou de communauté (C. C. 1457) doit être faite au greffe du tribunal civil et entraîne la perception du droit fixe de 4 fr. 50. (L. L. 22 frim. an VII, art. 68, § 2, n⁰ 6; — 28 avril 1816, art. 44, n⁰ 10; — 28 février 1872, art. 4.) et du droit de greffe de 1 fr. 25. (L. 21 vent. an VII, art. 5; — décret du 12 juillet 1808, art. 1.) En est-il de même de la renonciation à l'usufruit? Nous penchons pour l'affirmative et nous appuyons notre opinion sur l'assimilation que nous avons faite plus haut entre l'époux survivant et l'enfant naturel, qui, lui, est tenu, comme tous les successeurs, de faire sa renonciation au greffe. Il en résulte que toute renonciation faite sous une autre forme est nulle radicalement.

ARTICLE 2. — RENONCIATION TRANSLATIVE

Cette renonciation peut être faite à titre gratuit ou à titre onéreux; on suivra donc les règles propres à la donation ou à la vente de l'usufruit aux nus propriétaires. Nous ferons seulement remarquer que le droit de réunion ayant été perçu lors du paiement du droit de mutation par décès (L. 22 frim. an VII, art. 15, n° 7), il ne peut être réclamé de nouveau lorsque celle-ci vient à s'opérer, le seul droit exigible est le droit fixe de 4 fr. 50 (L. 22 frim. an VII, art. 42,) et, en outre, s'il s'agit d'immeubles et qu'il y ait lieu à transcription (L. 21 vent. an VII, art. 25 et 28 avril 1816, art 54), le droit de transcription de 0,50 0/0 ou de 1,50 0/0 sur le revenu capitalisé par 10 ou 12,50 des biens donnés ou sur le prix de l'usufruit cédé.

Si par suite d'erreur, d'omission ou d'exemption, le droit de réunion n'avait pas été perçu, cette règle ne subirait aucune modification. En effet, ou la prescription du droit n'est pas acquise et c'est à l'administration à le réclamer aux débiteurs, ou elle est acquise, et il se produit une libération qui équivaut au paiement. (C. C. 1234.)

ARTICLE 3. — CONVOL OU DÉCÈS DE L'USUFRUITIER

Au cas de convol de l'époux survivant et d'après la loi nouvelle, s'il existe des enfants du mariage, ou de décès de l'usufruitier, l'usufruit s'éteignant par l'effet d'une cause légale, il ne s'opère aucune mutation et aucun droit fixe n'est exigible. Quant au droit de transcription, comme par le fait même de l'extinction naturelle de l'usufruit toutes les hypothèques constituées par l'usufruitier s'évanouissent, il ne peut être exigible.

<hr>

SECTION V^e

Des Dettes

Afin d'éviter les répétitions, nous avons réservé pour la section suivante tout ce qui concerne la formation de la masse,

les rapports, l'imputation, la quotité disponible et le droit de
retour qui trouvent leur application, aussi bien en droit civil
qu'en droit fiscal, dans une déclaration de succession comme
dans un partage ou un lotissement. Nous parlerons seulement
des dettes.

En ce qui concerne les dettes, la loi nouvelle n'a rien modifié aux principes généraux du droit civil. Successeur irréguliers, le conjoint n'est pas tenu des dettes *ultra vires*, il n'y
contribue qu'en proportion de son émolument. S'il a droit
à la toute propriété, il se conformera aux art. 769 à 772
du C. Civ.; s'il n'a droit qu'à une portion d'usufruit, il se sou-
mettra à la règle tracée par l'art. 612 du C. Civ. Dans ce dernier cas, la quotité de son usufruit établie, il aura l'option
entre deux partis, ou avancer le capital correspondant à sa
part contributive, sauf aux héritiers et légataires à le
rembourser à sa succession, lors de la cessation de l'usufruit
ou laisser ceux-ci acquitter eux-mêmes cette part, sauf à leur
en payer les intérêts.

Si par exemple une succession est grevée de 60.000 fr. de
dettes et si le droit d'usufruit et de 1/4, l'époux supportera
15,000 fr. de dettes; s'il en fait l'avance, sa succession pourra
réclamer cette somme aux successibles; si au contraire ces
derniers l'acquittent il leur en paiera les intérêts.

Le plus souvent et dans le cas de partage, on adopte un
troisième parti, indiqué par l'art. 612. Une part de l'actif correspondant aux dettes est réservée pour le paiement du passif
et les droits des successibles tenus des dettes, et par conséquent de l'époux survivant, s'exercent sur le surplus. Cette
part peut être réservée d'une façon absolue et par tous les
ayants-droit, aucun droit n'est alors exigible, ou attribuée à un
ou plusieurs des copartageants à charge par eux de les acquitter; dans ce cas, il sera dû un droit de soulte pour tout ce qui,
dans le chiffre de dettes mis à la charge de chacun, excèdera sa
quote part dans le passif entier. Cette règle s'applique également
à l'époux qui, tenu d'une portion de l'intérêt des dettes, se
verrait attribuer des valeurs à charge par lui d'éteindre une
portion du passif, la soulte serait représentée, soit par un capital de dettes et une nue-propriété, soit par une nue-propriété
seulement, selon que la portion de passif lui incombant dépas-
serait ou non la quote part grevée de son usufruit.

Section VIe

Droits de mutation par décès. — Exigibilité, tarif, liquidation.

Le droit exigible est évidemment celui de mutation entre époux, le tarif est celui de 3 0/0 (L. 28 avril 1816, art. 53). Cette quotité indiquée au Parlement, a été adoptée par l'administration et ne pouvait faire doute. Quant à la liquidation, elle porte :

1° Pour les meubles, sur moitié de la valeur transmise (L. 22 frim, an VII, art. 14, § 11).

2° Pour les immeubles, sur le revenu capitalisé par 10 et 12 fr. 50 (L. 22 frim., an VII, art. 15, § 8).

Quant aux héritiers et légataires, ils continuent à acquitter le droit, d'après leur degré de parenté avec le défunt, sur la toute propriété, payant ainsi par anticipation le droit de réunion dont nous avons parlé plus haut.

Article premier. — Détermination du droit

La loi règle la quotité du droit revenant à l'époux survivant, mais elle ne peut prévoir toutes les difficultés qui naîtront des prescriptions qu'elle édicte. Vouloir les résoudre à l'avance, serait de la présomption. Il est cependant un point que la discussion parlementaire a mis en lumière et tranché définitivement. Lorsque le défunt ne laisse que des ascendants dans une ligne et des collatéraux autres que des frères et sœurs, dans l'autre ligne, la succession est dévolue pour moitié aux ascendants et pour l'autre moitié aux collatéraux (C. Civ. 753) ; en outre, le père ou la mère survivant, a l'usufruit du tiers des biens auxquels il ne succède pas en toute propriété. Dans ce cas les ascendants et les collatéraux supporteront chacun la moitié de l'usufruit de la veuve, ce dernier et celui des ascendants s'exerçant en concours sur la moitié attribuée aux collatéraux non privilégiés.

Exemple :

```
L'actif de succession est de............  12.000
        —        à chaque ligne, 1/2    6.000
Ascendant 6/12 en toute propriété.
        —      2/12 en usufruit.
Collatéraux 4/12 en toute propriété.
        —      2/12 en nue propriété.
```

	Valeur fiscale

La veuve a droit à l'usufruit de moitié, soit .   6000   3000

Il reste à l'ascendant 3/12 en toute propriété soit   3000   3000
—   3/12 en nue propriété soit   3000   3000
—   2/12 en usufruit soit. . .   2000   1000

                                          7000

Et aux collatéraux 3/12 en nue propriété soit.   3000   3000
—   2/12 en nue propriété soit.   2000   2000
—   1/12 en toute propriété. .   1000   1000

                                          6000

Il est dû 3 0/0 sur . .   3000
—   1 0/0 sur . .   7000
—   7 ou 8 0/0 sur   6000

ARTICLE 2. — COMBINAISON AVEC LES LOIS ANTÉRIEURES

Un autre point qui ressort de la discussion parlementaire est que tous les avantages que peuvent procurer à l'époux survivant les lois antérieures se combinent avec ceux qui résultent pour lui de la loi nouvelle. Les uns et les autres seront appliqués parallèlement à la condition que la réserve ne reçoive aucune atteinte.

Nous rappellerons qu'aucun doute ne pouvait s'élever au sujet des lois du 18 juin 1850 et 20 juillet 1886, sur la caisse des retraites pour la vieillesse, ni de celle du 9 juin 1853 sur les pensions civiles qui reposent sur des principes spéciaux, et ne sont pas considérées comme produisant un avantage entre époux, passible du droit de mutation par décès. Seules les lois du 14 juillet 1866 sur les droits d'auteur et du 25 mars 1873, sur la condition des déportés à la Nouvelle-Calédonie procurant à l'époux survivant un véritable droit de succession verront leurs avantages se cumuler avec ceux résultant à son profit de la loi nouvelle, sans autre limite que la quotité disponible.

ARTICLE 3. — FORMATION DE LA MASSE, RAPPORTS
ET IMPUTATIONS

1. Formation de la masse. — Il résulte des termes de la loi que la masse successorale sur laquelle doit être calculé l'usufruit revenant à l'époux survivant comprend :

1° Les biens existants au décès.

2° Les biens donnés ou légués aux successibles sans dispense de rapport.

3° Les biens donnés ou légués à l'époux survivant même par préciput et hors part.

On écarte ainsi de la masse :

1° Les biens donnés ou légués sous quelque forme que ce soit à des non successibles.

2° Les biens donnés ou légués par préciput et hors part à des successibles.

Sur la masse ainsi formée, on calcule l'usufruit, avec ces restrictions, que :

1° Il s'exercera seulement sur les biens de la première catégorie, ceux existants au décès, ce qui exclut les biens rapportés par les successibles et l'époux survivant.

2° L'époux survivant imputera sur sa quote-part en usufruit tout ce qu'il aura reçu du défunt par donation ou testament.

2. Rapport fictif. — Ainsi les successibles doivent le rapport à l'époux de toutes les valeurs rapportables (C. C. 843) qui leur ont été données ou léguées autrement que par préciput, mais ce rapport n'est que fictif en ce sens que jamais il n'aboutira à la dépossession du successible et que l'usufruit ne pourra porter sur ces valeurs. De là, la faculté pour l'époux prédécédé, en disposant de ses biens de priver son conjoint de tout ou partie de son usufruit, et l'absence de toute réserve au profit du survivant. Cette faculté pourra-t-elle s'exercer sous forme d'exhérédation expresse sans autres dispositions, l'affirmative n'est pas douteuse, rien ne s'oppose à ce qu'un testateur exheréde tel ou tel héritier, son intention étant alors d'appeler à sa succession ses autres héritiers naturels dans l'ordre établi par la loi.

C'est là un mode de calcul fréquent en droit civil et une opération analogue à celle qui doit être effectuée pour calculer le montant, dans tous les cas, de la donation contractuelle faite à l'époux survivant (C. C. 1083) et le plus souvant de la donation ordinaire *mortis causa* ou du legs universel et à titre universel en toute propriété et à titre particulier en usufruit. Bien que la donation ou le legs ne puissent s'exercer que sur les biens que le défunt n'a ni donnés ni légués, on réunit néanmoins ces biens à la masse pour déterminer ce qui revient à l'époux survivant ou au légataire. C'est en un mot le calcul tracé par l'art. 922 du C. C. pour l'établissement de la quotité disponible et l'exercice de l'action en réduction, avec cette différence que le rapport fictif ne porte pas sur les biens donnés ou légués entre vifs ou par décès à des non successibles ou à titre de préciput à des successibles.

Exemples :

1º Biens donnés entre vifs et payés au jour du décès.

Le de cujus a donné les valeurs suivantes : 10.000 à deux de ses enfants en avancement d'hoirie, 10.000 au 3e par préciput et un mobilier de 1000 à sa bonne :

L'actif de succession réellement existant est de	100.000 »
Rapport dû par les successibles.	20.000 »
Masse.	120.000 »

Usufruit de 1/4 à la Veuve. .	30.000	»
Valeur fiscale	15.000	»
Il est dû 3 0/0 sur	15.000	»
1 0/0 sur	100.000	»
9 0/0 sur	1.000	»

L'usufruit s'exercera sur la somme de 100.000 »

2º Biens légués existant en nature au décès.

Reprenons l'exemple précédent, les 10.000 légués aux trois enfants existent en nature dans la succession.

L'actif de succession est de	100.000 »
Rapport dû par les successibles	20.000 »
Masse	120.000 »

Usufruit de 1/4. . . . . . .   30.000   „
Valeur fiscale . . . . . .   15.000   „

Il revient aux enfants l'actif. . 100.000   „
Les rapports. . 20.000   „
Le legs par préciput . . . . 10.000   „

130.000   „

Il est dû 3 0/0 sur 15.000   „
1 0/0 sur 130.000   „
9 0/0 sur   1.000   „

L'usufruit s'exercera sur la somme de 100.000   „

3° Biens légués, n'existant pas en nature au jour du décès.

Il s'agit ici de combiner les règles tracées par la loi nouvelle et celles appliquées antérieurement en ce qui concerne les legs n'existant pas en nature (Avis du Conseil d'État du 10 septembre 1808). Continuons avec le même exemple ; les 10.000 donnés aux trois enfants et les 1.000 légués à la bonne n'existent pas en nature :

L'actif de succession est de . . . . 100.000   „
Nous en déduirons les legs nonrapportables :

1° Au non successible. . . . . . 1.000   „ }
2° Au successible . . . . . . 10.000   „ } 11.000   „

Masse. . . . . 89.000   „

Usufruit de 1/4. . . . . . .   22.250
Valeur fiscale 11.125

Il revient aux enfants l'actif. . 89.000   „
Plus le préciput . . . . 10.000   „

99.000   „

Il est dû 3 0/0 sur 11.140   „
1 0/0 sur 99.000   „
9 0/0 sur   1.000   „

L'usufruit s'exercera sur 89.000 diminué de 20.000 (legs de 10.000 aux deux enfants en avancement d'hoirie) soit sur 69.000.

D'où la règle : 1° les legs non susceptibles de rapport se

déduisent de l'actif et s'ajoutent ensuite aux droits du légataire,2º les legs susceptibles de rapport, ne se déduisent pas de l'actif, mais figurent aux droits du légataire, 3º dans les deux cas, l'usufruit ne peut porter sur ces legs.

4º Biens donnés entre-vifs et non payés au jour du décès.

On opérera la même combinaison entre les prescriptions de la loi nouvelle et les règles propres aux sommes données et non payées au jour du décès.

Sans modifier notre exemple, les 10.000 fr. donnés aux trois enfants et le 1.000 fr. de la bonne ont été donnés entre vifs et non payés, il est facile de voir que les principes à appliquer sont les mêmes que précedemment.

```
L'actif de succession est de . . . . . .      100.000   »
Nous en déduisons les sommes non rappor-
   tables :
1º Au non-successible.   .  .  :  .   1.000 )
                                            }  11.000   »
2º Au successible  .  .  .  .  .  .  10.000 )

                        Masse.  .  .  .  .    89.000   »


Usufruit de 1/4.  .   22.250  »
Valeur  fiscale .  .   11.125  »
                   Il revient aux enfants l'actif.  .   89.000   »
                   Moins les sommes rapportables.      20.000   »

                                                        69.000   »
```

```
Il est dû 3 0/0 sur 11.140   »
          1 0/0 sur 69.000   »
          9 0/0 sur  1.000   »
```

L'usufruit continuera à s'exercer sur 69.000.

D'où la règle : 1º les sommes données non susceptibles de rapport se déduisent de l'actif, mais cessent, ayant déjà subi les droits de mutation de s'ajouter aux droits du donataire ; 2º les mêmes sommes susceptibles de rapport ne se déduisent pas de l'actif, mais se retranchent pour le même motif des droits du donataire ; 3º Dans les deux cas, l'usufruit ne peut porter sur ces sommes.

3. Réduction de l'usufruit aux biens existants. — Les exemples que nous venons de voir nous permettent de compléter les principes que nous avons posés en ce qui concerne la formation de la masse et les rapports, et de dire que la masse comprendra :

1° Les biens existants aux décès, déduction faite des legs non existants en nature et non susceptibles de rapport ainsi que des sommes données entre vifs et non payées au décès et également non soumises au rapport.

2° Les biens donnés ou légués aux successibles sans dispense de rapport, entre vifs et payés, ou par décès et existants en nature.

3° Les biens donnés ou légués dans les mêmes conditions à l'époux survivant, même par préciput et hors part.

Et l'usufruit se calculera de façon à ne pouvoir s'exercer que sur les biens de la première catégorie d'où on déduira en outre : 1° les legs rapportables non existants en nature ; 2° les sommes données rapportables et non payées au décès.

Il s'agit là d'une véritable réduction et d'une limite extrême que l'usufruit ne pourra dépasser.

Il nous suffirait de reprendre les exemples précédents et, en modifiant les chiffres, de montrer comment s'opérera la réduction ; nous préférons prendre deux exemples renfermant et résumant les règles que nous venons de formuler.

1° Usufruit non-réductible.

Le decujus a donné entre vif et payé 10.000 à l'un de ses enfants en avancement d'hoirie ; il a légué 10.000 au second par préciput et 1.000 à sa bonne, le tout n'existant par en nature, il a donné entre vifs et non payé 10.000 à son troisième enfant ; enfin il a laissé un bijou d'une valeur de 1.000 à un de ses amis.

L'actif de succession (biens existants) est de	100.000	»
Nous en déduirons : 1° le legs n'existant pas en nature et non rapportable, fait au sucessible. . . . . 10.000 »		
2° Le legs à la bonne, non rapportable . . . . . . 1.000 »	11.000	»
	89.000	»
Nous ajoutons le don payé au successible. .	10.000	»
Masse. . . .	99.000	»

Usufruit de 1/4.   24.750   »
Valeur fiscale. . .   12.375   »

Il revient aux enfants l'actif.   .   99.000   »
Plus le préciput. . . . . . .   10.000   »

                            109.000   »

Moins 1º le don payé . . .   10.000   » ⎫
2º le don non payé. .   10.000   » ⎭   20.000   »

                            89.000   »

Il est dû 3 0/0 sur 12.380   »
        1 0/0 sur 89.000   »
        9 0/0 sur   1.000   »
        9 0/0 sur   1.000   »

L'usufruit s'exercera sur 99.000 diminué de 10.000 (don payé au successible) plus 10.000 (don non payé au successible) soit 79.000.

2º Usufruit réductible.

Il suffit, sans diminuer l'actif de succession, d'imaginer que les deux dons au deux enfants sont de 40.000 et qu'un legs de 40.000 non existant en nature a été fait au préciputaire en sus de son préciput et en avancemeut d'hoirie.

Actif de succession . . . .   100.000   »
A déduire 1º le legs à la bonne. .   1.000   » ⎫
        2º le legs au successible. 10.000   » ⎭   11.000   »

                            89.000   »

Nous ajoutons le don de 40.000 payé au successible. . . . . . .   40.000   »

                 Masse. . .   129.000   »

Usufruit de 1/4. .   32.250   »
Valeur fiscale. - .   16.125   »
Il revient aux enfants l'actif. . . .   129.000   »
Plus le préciput. . . . .   10.000   »

                            139.000.   »

Moins 1º le don payé . . . .   40.000   » ⎫
2º le don non payé . . .   40.000   » ⎭   80.000   »

                            59.000   »

L'usufruit s'exercera sur 129.000 diminué de 40.000 (don payé au successible) plus 40.000 (don non payé au successible), plus 40.000 (legs non existant en nature fait au préciputaire), soit sur 9.000, valeur fiscale 4.500. Il ne peut exister un autre mode de réduction, la loi ne faisant porter l'usufruit que sur les biens dont le défunt n'a pas disposé.

Il est dû 3 0/0 sur   4.500   »
       1 0/0 sur 59.000   »
       9 0/0 sur   1.000   »
       9 0/0 sur   1.000   »

4. **Rapport réel.** — Il existe deux exceptions au principe que l'usufruit de la veuve ne pourra s'exercer que sur les biens existants au décès dont le défunt n'aura pas disposé, soit par donation, soit par testament.

1° Les enfants naturels ou descendants d'eux ne peuvent, par donation ou testament, rien recevoir au delà de ce qui leur est accordé par l'article 757 du Code civil (C. civ. 908) et ils sont tenus d'imputer sur ce qu'ils ont le droit de prétendre tout ce qu'ils ont reçu de leurs père ou mère et qui serait sujet à rapport (C. civ. 760). Il résulte de ce texte que les héritiers, les légataires et l'époux survivant ont le droit d'agir en réduction si le legs fait à l'enfant naturel dépasse sa part dans la succession, et en revendication, si par suite de l'imputation des biens donnés sur cette part, il a touché plus que la loi ne lui accorde. Dans l'un et l'autre cas, il doit le rapport des sommes qui lui ont été léguées ou données même par préciput et hors part, l'usufruit se calcule sur ces rapports et peut s'exercer sur les valeurs mêmes qu'ils représentent au cas de réduction ou de revendication.

2° Le mineur est frappé d'une incapacité absolue (C. civ. 903) ou d'une demi-incapacité (C. civ. 904), sa liberté de tester ou de donner est donc limitée, et cette limite au droit de disposer est réglée d'après la date du testament ou de la donation. La donation sauf l'institution contractuelle, lui est interdite (C. civ. 1095), et il ne peut disposer par testament de moitié de ses biens que s'il a atteint l'âge de seize ans. Si le mineur a outrepassé son droit, en disposant entre-vifs, les héritiers, le légataire et l'époux survivant ont le droit d'agir en revendication et de faire rentrer dans l'hérédité les valeurs données, ou en faisant des legs qui dépassent la portion dont il a la libre disposition, les mêmes personnes peuvent agir en réduction et restreindre les legs dans les limites fixées par le Code. Les biens donnés seront donc rapportés, l'excédent des legs sera réuni à la masse des biens existants, le calcul de l'usufruit s'effectuera comme nous l'avons dit plus haut et cet usufruit pourra s'exercer sur les biens donnés ou l'excédent des legs, valeurs réelles de la succession. Que ces dons ou legs aient été faits à des successibles ou à des non successibles, la règle est la même et le rapport est dû pour tout ce qui excède la portion dont le mineur à la libre disposition. Il est facile de conclure que le mineur ne pourra jamais priver son conjoint de la totalité de l'usufruit auquel il a droit d'après la loi nouvelle.

Dans les deux cas que nous venons d'examiner, s'il s'agit de legs, on les considère en tout ou en partie comme inexistants, et les droits sont liquidés en conséquence, s'il s'agit de dons, l'époux et les héritiers doivent en exiger le rapport réel et la réduction, sans qu'on puisse dire qu'en en disposant, le défunt a entendu implicitement priver son conjoint de son usufruit sur ces valeurs, au cas où les biens réellement existants seraient insuffisants pour le remplir en cet usufruit. Si cependant les dons et legs ont été faits à des successibles, l'usufruit ne peut alors s'exercer sur les biens légués ou donnés qui cessent d'être considérés comme biens existants réellement. On lira à ce sujet les développements de l'article 5 (Formation de la masse, rapport et imputation) qui trouvent ici leur application. On y verra également que les héritiers et l'époux seuls ont le droit d'exiger le rapport réel et que le receveur ne peut l'effectuer d'office au cas d'insuffisance des valeurs réellement existantes.

5. Imputation. — Après avoir ordonné le rapport fictif de tous les biens donnés ou légués sans dispense de rapport aux successibles, la loi ajoute que l'époux survivant cessera d'exercer son droit s'il a reçu des libéralités du défunt, même par préciput et hors part, dont le montant atteindrait celui des droits qu'elle lui attribue et que si ce montant est inférieur, il ne pourra réclamer que le complément de son usufruit. Quelle interprétation donner à ce texte ? Pour continuer l'assimilation que nous avons établie entre le droit de l'époux survivant et ceux de l'enfant naturel, nous dirons qu'il s'agit d'une imputation identique à celle de l'article 760 du C. C. Cette opération est-elle le rapport fictif et peut-on dire que si les successibles doivent le rapport à l'époux, celui-ci le leur doit également et d'une façon plus étendue puisqu'il porte sur les biens donnés ou légués même par préciput? En ce qui concerne l'art. 760, la doctrine n'est pas entièrement d'accord sur la nature du mot imputation comparé à celui de rapport fictif. Aucun doute ne peut exister à notre avis en ce qui concerne la loi nouvelle, toutes les valeurs données ou léguées à l'époux survivant doivent être rapportées à la masse pour fixer le montant de l'usufruit.

C'est la seule interprétation qu'il soit possible de donner à ce texte : qu'il sera tenu d'imputer sur sa quote part d'usufruit, tout ce qu'il aura reçu du défunt; une telle imputation n'est possible qu'après que le montant des libéralités a été réuni à la masse.

Ce premier point établi, comment s'opérera cette imputation? Il s'agit d'un usufruit d'où l'on devra retrancher des valeurs en toute propriété le plus souvent; nous estimons qu'il y aura lieu après avoir calculé la quotité d'usufruit de l'évaluer en capital d'après les circonstances de chaque espèce, eu égard à l'âge et à l'état de santé de l'usufruitier. C'est le seul procédé qui satisfasse au vœu de la loi qui supprime le droit d'usufruit dès que le montant des libéralités atteint ce droit, ce qui ne peut s'entendre que d'une imputation de capital à capital. Ainsi au cas où les biens donnés sont des valeurs dont l'usufruit repose sur la tête d'un tiers (usufruit acquis par les conjoints), on évaluera les deux usufruits séparément d'après les circonstances spéciales au tiers et à l'époux survivant, et l'imputation se fera sur ces bases. Au point de vue spécial des droits de mutation, si aucun acte fixant la valeur de l'usufruit n'est intervenu avant la déclaration de succession, cette valeur sera évaluée à moitié (Loi du 22 frimaire an VII), et les biens donnés imputés sur cette moitié, mais cette évaluation purement fiscale ne lie pas les parties et si un acte a été passé, on adoptera le capital convenu entre les parties. S'il résulte de cette imputation un excédent en capital, il est facile à l'aide d'une simple proportion de retrouver les valeurs grevées d'usufruit représentées par cet excédent. Si cette valeur est de moitié, les sommes soumises à l'usufruit seront du double de l'excédent.

Exemple :

3 enfants sont héritiers de leur père.

1º Biens donnés entre-vifs et payés au jour du décès, soit par préciput, soit purement et simplement.

L'actif réellement existant est de. 100.000
Rapport dû par la veuve. 10.000
——————
110.000

Usufruit de 1/4 . . . . 27.500
Valeur fiscale. 13.750
Nous imputons le don 10.000
——————
Reste.. . . . . . 3.750

Il est dû 3 0/0 sur 3.760
—   1 0/0 sur 100.000

L'usufruit s'exercera à concurrence d'un capital de 3.750$\times$2 = 7.500 sur l'actif de 100.000.

2º Biens légués existant en nature au décès.

Le calcul est le même, il est dû seulement :

3 0/0 sur 13.760
1 0/0 sur 100.000

3º Biens légués n'existant pas en nature au décès.

L'actif de succession est de. 100.000
Usufruit de 1/4. . . . . 25.000
Valeur fiscale 12.500
Nous imputons le legs. 10.000
——————
Reste.. . . . . 2.500

Il est dû 3 0/0 sur 12.500
—   1 0/0 sur 100.000 — 10.000 = 90.000

L'usufruit s'exercera à concurrence d'un capital de 5.000 sur l'actif de 90.000.

D'où la règle, le legs n'existant pas en nature figure aux droits de l'époux, sans que l'actif subisse aucune modification, mais l'usufruit ne porte pas sur ce legs.

4° Biens donnés entre-vifs et non payés au jour du décès.

Le calcul est le même, il est dû seulement.

$$3\ 0/0\ \text{sur}\ 2.500$$
$$1\ 0/0\ \text{sur}\ 100.000 \ - \ 10.000 \ = \ 90.000$$

D'où la règle, les biens donnés et non payés se retranchent des droits de l'époux et l'usufruit ne porte pas sur ces sommes.

Ces règles sont celles que nous avons comprises dans une formule unique à l'art. 2 et à l'art. 3 ci-dessus.

Si un acte est intervenu qui fixe la valeur en capital de l'usufruit on suit les mêmes règles, le chiffre seul des valeurs soumises à l'usufruit change.

Une question se pose : les parties seraient-elles admises en l'absence de tout acte et sur leur seule déclaration à donner à l'usufruit une valeur inférieure à moitié du capital qui le représente. Nous ne le croyons pas, sans doute l'évaluation à moitié n'est qu'une valeur fiscale qui cède à la convention contraire, mais c'est aussi une présomption qu'une simple déclaration, en l'absence de tout acte, ne pourrait détruire.

Exemple :

La veuve a reçu entre-vifs un don de 10,000 fr., payé.

L'actif est de. 100.000
Le rapport est de. 10.000
                                                   ——————
                                                   110.000
Usufruit de 1/4. . . . . 27.500
                                                   ——————

Les parties reconnaissent que la valeur de cet usufruit est de. 15.000
Nous imputons le legs. 10.000
                                                   ——————
                                                    5.000
                                                   ——————

L'usufruit s'exercera à concurrence d'un capital de : $\dfrac{15.000}{5.000} = \dfrac{27.500}{x}$ soit 9.166.67 sur l'actif de 100.000, au cas de réduction aux biens existants, c'est sur cette valeur de 9.166.67 qu'on devra se baser.

Il est dû 3 0/0 sur 1/2 9.166.67. (L. 22 frimaire an VII, art. 14, n° 11).

1 0/0 sur 100.000.

Il est à peine besoin d'ajouter que le rapport fictif de la veuve doit porter sur les mêmes valeurs que le rapport fictiṭ en général, c'est-àdire sur tout don ou legs. Il ne saurait donc être question de rapport dans le cas de nourriture et habitation. (C. civ. 1465). Deuil (C. civ. 1481). Préciput (C. civ. 1516). attribution de toute la Communauté au survivant (C. civ. 1525) et partage inégal de la Communauté (C. civ. 1527).

ART. 4. — Retour et Substitution.

La loi nouvelle stipule que l'usufruit ne pourra préjudicier aux droits de retour, cette clause n'était pas inutile, car si au cas de retour conventionnel il eut été difficile de soutenir que la loi a entendu faire porter l'usufruit sur les biens soumis au droit de retour, il n'en était pas de même au cas de retour légal.

Alors il était aisé de prétendre que non-seulement les valeurs soumises au retour devaient rentrer dans la masse pour le calcul de l'usufruit, mais encore qu'elles devraient être considérées comme biens existants susceptibles de contribuer à la composition de cet usufruit. La loi a prévu la difficulté et l'a tranchée.

Que le retour soit légal :

1° Adoptant et ses descendants sur les biens donnés par l'adoptant à l'adopté (C. civ. 351 et 352).

2° Frères et sœurs légitimes sur les biens donnés par leurs père ou mère à l'enfant naturel (C. civ. 766).

3° Ascendant sur les biens par eux donnés à leurs enfants (C. civ. 747).

C'est-à-dire qu'il laisse le donateur libre de disposer des biens donnés soit à titre onéreux soit à titre gratuit.

Ou conventionnel :

Donateur sur les biens par lui donnés à un donataire (C. civ. 951).

C'est-à-dire qu'il interdit au donateur toute aliénation.

Les valeurs soumises au droit de retour ne sont pas réunies à la masse pour le calcul de l'usufruit.

Il est d'ailleurs évident qu'il s'agit des valeurs qui font réellement retour, et qu'au cas de retour légal si le de cujus a disposé à titre gratuit de tout ou partie des biens soumis au retour, ces biens rentrent dans l'hérédité et sont astreints aux règles que nous avons examinées touchant les rapports et l'imputation.

Exemple :

L'actif de succession est de	100.000
Les valeurs soumises au retour légal de	20.000
	120.000

Le de cujus a légué à sa veuve 1/20 de ses biens, y compris ceux soumis au retour légal de l'ascendant, sa donation porte sur 5.000 à prendre sur les 100.000 et 1.000 à prendre sur les 20.000.

On formera ainsi la masse :

1° Biens existants.	100.000
2° Rapport dû par la veuve.	1.000
	101.000
Usufruit de 1/2.	50.500
Valeur fiscale.	25.250
Imputons le legs.	6.000
Reste pour l'usufruit. . . .	19.250

Il est dû : 3 0/0 sur 25.260.

1 0/0 sur 20.000 — 1.000 = 19.000.

Quant au surplus soit 100.000 — 5.000 = 95.000, il se divise entre les héritiers d'après leurs droits.

Si le legs ou la donation de tout ou partie des valeurs soumises au droit de retour légal sont faits à un successible, ils ne donnent lieu à rapport que s'ils ne sont pas par préciput, faits à un non successible ils ne donnent jamais lieu à rapport.

La loi n'a prévu que le cas du retour parce que seul il présente quelque difficulté et qu'il est aisé de supposer que chaque fois que le défunt n'est pas propriétaire des biens qu'il détient ces biens doivent être distraits de l'actif pour le calcul de l'usufruit, tels sont notamment ;

Les valeurs détenues par le défunt à titre précaire, comme mandataire, tuteur, dépositaire, créancier gagiste, usufruitier, époux, grevé de substitution, etc., etc.

ARTICLE 5. — RÉSERVE ET QUOTITÉ DISPONIBLE

1. Formation de la masse, rapports et imputations. — La loi ajoute que l'usufruit ne pourra préjudicier aux droits résultant de la réserve. A la première limite que nous avons étudiée : les biens existants, elle en ajoute une seconde : la quotité disponible, de telle sorte que ni l'une ni l'autre ne puisse être dépassée, sinon l'usufruit subit une réduction. Cet usufruit, tel que sa quotité est fixée, semble dans tous les cas respecter la réserve ; pour comprendre comment il peut y porter atteinte, il faut supposer que le défunt a entamé la quotité disponible par des libéralités entre vifs ou testamentaires.

Tout d'abord, de quelle quotité disponible s'agit-il? Est-ce de celle de l'art. 913 (descendants), de l'art 915 (ascendants), de l'art. 761 (enfants naturels), c'est-à-dire de l'ordinaire, ou bien de celle des art. 1094 et 1098, c'est-à-dire de celle spéciale aux époux? Evidemment, puisque l'usufruit s'opère entre époux, il s'agira des deux concourant ensemble dans la limite de la plus forte. En cas d'absorption complète de la première, l'époux ne sera pas privé de tout droit si c'est la seconde qui l'emporte, ce qui arrive lorsque le disponible ordinaire est de 1/4 et quelquefois de 1/3. Nous savons qu'alors l'époux peut être appelé à jouir d'un disponible en usufruit qui est de 1/4 dans le premier cas et d'une quotité à fixer dans le second et que cet usufruit s'impute sur la réserve. Le disponible ordinaire absorbé, le conjoint peut prendre sur la réserve une portion d'usufruit.

Ainsi, lorsqu'un époux ayant 3 enfants a légué à un étranger 1/2 en toute propriété, ce legs est réduit à 1/4 et l'époux profite de 1/4 en usufruit. La quotité disponible la plus forte étant 1/4 en propriété et 1/4 en usufruit.

Si le même époux a deux enfants, le legs est réduit à 1/3. On évalue alors en capital le disponible entre époux, 1/4 en propriété et 1/4 en usufruit, eu égard à l'âge et à l'état de santé du conjoint, s'il est inférieur à 1/3, l'époux n'aura aucun droit à exercer, s'il est supérieur on retrouvera à l'aide d'une simple proportion les valeurs grevées d'usufruit représentées par cet excédent. Au point de vue spécial des droits de mutation par décès, ces valeurs seront de la différence entre 1/3 et 1/2 soit 1/6, à moins qu'un acte n'intervienne avant la déclaration pour en déterminer la quotité.

Chaque fois qu'on supposera que la réserve est entamée, on devra, parallèlement au calcul que nous avons étudié et à la réduction aux biens existants, établir le calcul de l'art. 922 du C. C., qui en diffère sur ce point qu'il exige en outre le rapport des biens donnés à des non successibles ou par préciput à des successibles et opérer la réduction dans les limites de la quotité disponible. La formation de la masse et les rapports s'effectueront comme à l'art. 922.

Avant d'appliquer ces principes à la loi nouvelle, nous rappellerons que :

1º Toute libéralité faite à un non réservataire s'impute sur la quotité disponible ordinaire.

2º Toute libéralité faite à un successible par préciput s'impute sur le disponible ordinaire et subsidiairement sur la réserve.

3º Toute libéralité faite à un successible en avancement d'hoirie s'impute sur la réserve et subsidiairement sur le disponible ordinaire. Dans ce cas, les libéralités faites à plusieurs réservataires en avancement d'hoirie doivent s'imputer sur la part de réserve de chacun d'eux et non pas sur la réserve en masse de tous les réservataires (Cass. 31 mars 1885.)

Ceci posé, comment concilier la loi nouvelle avec les principes généraux du droit civil ? Nous distinguerons trois cas :

1º Le don ou le legs ont été faits à un non-successible.

Ils s'imputeront sur la quotité disponible ordinaire dans les limites de cette quotité ; ils ne rentreront pas dans la masse pour le calcul de l'usufruit, s'ils absorbent et au delà le disponible ordinaire et que celui-ci soit le plus fort, l'époux n'aura aucun droit ; si, au contraire, c'est le disponible entre époux qui est le plus élevé, l'époux pourra exiger que la portion dépassant le disponible ordinaire soit rapportée réellement à la masse ou considérée comme non léguée, d'où la conséquence qu'elle sera à son endroit un bien existant en nature.

Exemple :

Le défunt laissant un enfant a disposé en faveur d'un étranger de 60,000.

L'actif de succession est de . . . . 100,000 „
La quotité disponible ordinaire est de . . . 50,000 „

La quotité d'usufruit du conjoint est de :

$$\frac{100,000 - 50,000}{4} = 12,500 \text{ „}$$

Le legs est réduit à 50,000, le surplus, soit 10,000 entre dans l'hérédité, mais le disponible ordinaire, 1/2 étant ici le plus élevé, le conjoint ne jouira d'aucun usufruit.

Prenons le même exemple. Le défunt laisse 3 enfants. La quotité disponible est de 25,000, le legs est réduit à cette somme et le surplus, soit 35,000, entre dans l'hérédité; mais comme le disponible entre époux dépasse ici le disponible ordinaire de 1/4 en usufruit, l'usufruit de 1/4, soit 25,000, à prendre sur la réserve, reste libre et sert à fournir l'usufruit du conjoint qui est de $\frac{100,000 - 25,000}{4} = 18.750$.

Il est dû 3 0/0 sur 1/2 18,750
        9 0/0 sur 25,000
        1 0/0 sur 75,000

Nous admettons que tout ce qui excède le disponible ordinaire doit être rapporté fictivement pour le calcul de l'usufruit, ces valeurs cessent, en effet, d'être un legs ou un don fait à un non-successible et rentrent dans l'hérédité. Mais l'époux a-t-il droit au rapport réel ? Et si les valeurs réellement existantes sont insuffisantes pour le remplir de sa quotité d'usufruit, pourra-t-il l'exercer sur les biens donnés ou légués excédant le disponible ordinaire ? Est-il possible de soutenir qu'en disposant en faveur d'un étranger de valeurs excédant le disponible ordinaire, le défunt a manifesté l'intention de priver son conjoint de son usufruit, au cas où les valeurs réellement existantes ne pourraient le lui fournir ? Nous ne le pensons pas, à moins de volonté manifestée par le défunt, ces biens rentrent dans l'hérédité et doivent être considérés comme réellement existants, aussi bien pour les héritiers que pour le conjoint. C'est la solution que nous avons adoptée à l'art. 3 (Rapports réels). Nous ajouterons que ce rapport réel ne s'effectue pas de plein droit, et que l'époux seul à la faculté de l'exiger, le receveur ne pourrait donc l'appliquer d'office et, par conséquent, liquider le droit d'usufruit sur les dons ou legs excédant le disponible ordinaire, autrement qu'à titre de rapport fictif et pour déterminer la quotité de l'usufruit.

2° Le don ou le legs ont été faits par préciput à des successibles.

Ils s'imputeront sur la quotité disponible ordinaire.

Reprenons le même exemple :

Si le défunt a laissé un enfant auquel le legs de 60,000 fr. a été fait, le disponible ordinaire est absorbé et le conjoint ne peut jouir de son usufruit.

S'il a laissé trois enfants, le don ou le legs s'imputeront sur le disponible ordinaire. Mais alors il existe cette différence avec le cas précédent, que l'époux n'a pas droit au rapport réel ou fictif de tout ce qui excède le disponible ordinaire; son usufruit se calculera donc sur 40,000 fr. et non sur 75,000, il sera de 10,000 et non de 18.750.

La loi dit, en effet, que l'usufruit ne portera pas sur les biens donnés ou légués par préciput à un successible. S'il est vrai de dire que le surplus des dons ou legs faits à des étrangers entre dans l'hérédité purement et simplement, et cesse d'être des valeurs données ou léguées, il n'en est pas de même ici, où ceux qui profitent de la réduction sont les successibles eux-mêmes auxquels le legs ou le don ont été consentis. Cette solution, différente dans les deux cas, nous paraît conforme à l'esprit de la loi nouvelle.

3° Le don ou le legs ont été faits en avancement d'hoirie à des successibles.

Ils s'imputent sur la réserve dans la limite de la part de chaque gratifié et pour le surplus sur le disponible ordinaire; mais ils rentrent pour la totalité dans la masse pour le calcul de l'usufruit, cela résulte à contrario du principe précédent. Continuons les mêmes exemples :

Un enfant : la somme de 60,000 absorbe la réserve de 50,000 et 10,000 de la quotité disponible.

La quotité d'usufruit du conjoint est de $\frac{100.000}{4}$ ou 25,000, il exercera son usufruit sur 50,000 — 10,000 = 40,000.

Trois enfants : la somme de 60,000 absorbe la réserve du

gratifié, 25,000, et le disponible ordinaire, 25,000 ; mais comme le disponible entre époux est ici le plus élevé, l'usufruit de 1/4, soit 25,000, à prendre sur la réserve reste libre et fournira au conjoint son usufruit de $\frac{100.000}{4}$ ou 25,000, qui s'exercera seulement sur 40,000, bien réellement existants.

2° **Réduction de l'usufruit.** — Pour savoir dans quelle limite l'usufruit doit être réduit en ce qui concerne la quotité disponible, il suffit de reprendre les trois cas déjà examinés.

1. Le don ou legs ont été faits à un non successible. Nous distinguerons également deux alternatives.

Le disponible ordinaire est plus élevé que le disponible entre époux, il est de 1/2 en toute propriété.

Si la disposition en faveur de l'étranger est de 40.000, la quotité d'usufruit est de $\frac{100.000-40.000}{4}$ soit 15.000, la seule valeur libre pour l'exercice de cet usufruit est celle de 10.000, différence entre le legs et la quotité disponible.

Comment calculer alors l'usufruit, trois systèmes sont en présence.

a. On peut appliquer la règle de l'art. 917 du C. civ. et laisser aux successibles réservataires l'alternative de délivrer à l'époux son usufruit de 15.000 ou faire abandon du disponible soit 10.000 en toute propriété. Mais cette disposition de l'art. 217 toute d'exception, n'est pas susceptible d'extension et la jurisprudence a refusé de l'étendre au cas de disponible entre époux (C. C. 1094) ; à plus forte raison doit-on s'abstenir de cette solution pour un droit successoral nouveau.

b. On peut dire que l'usufruit sera réduit à la somme de 10.000, c'est ainsi que nous avons conclu pour la réduction aux biens existants. Mais l'espèce n'est plus la même, en réduisant l'usufruit à 10.000 on fait injustement profiter la réserve ; de la nue propriété de cette somme sur laquelle elle ne devait pas compter.

c. Reste la méthode ordinaire d'évaluation en matière d'usufruit, celle que nous avons appliquée pour imputer les libéralités faites à l'époux, et pour calculer au cas ou le disponible ordinaire est de 1/3 si la quotité disponible entre époux est la plus forte. On évalue en capital le droit d'usufruit sur la somme de 15.000 ; si cette valeur ne dépasse pas 10.000, l'usufruit s'exercera intégralement, à concurrence toutefois des biens existants; si elle dépasse, on réduira. Pour le paiement des droits de mutation par décès, ce capital sera de 1/2 à moins qu'un acte intervenu entre les parties n'en ait fixé la valeur. Dans notre exemple l'usufruit s'exercera sur 60.000 biens existants.

Il sera dû: 3 0/0 sur 1/2 15.000
1 0/0 sur 60.000
9 0/0 sur 40.000

Si les parties conviennent que ce capital est de 11,000, il sera réduit à 10.000 et s'exercera sur un capital de $\frac{11.000}{15.000}=\frac{10.000}{x}$ soit 13636.36 pris sur les biens existants.

Il sera dû: 3 0/0 sur 1/2 13686.36 (L. 22 frimaire an VII. art.11).
1 0/0 sur 60.000
9 0/0 sur 40.000

Le disponible entre époux est plus élevé que le disponible ordinaire qui est de 1/4 en toute propriété.

La disposition en faveur de l'étranger étant de 20.000, il reste libre pour l'usufruit sur la quotité ordinaire de 25.000 la somme de 5000 et sur la réserve celle de 25.000 soit 30.000, l'usufruit de l'époux est de $\frac{100.000-20.000}{4}$ soit 20.000 qui s'exercera à la fois sur les biens existants dans la réserve et sur les 5000, mais il n'y aura pas lieu d'appliquer l'évaluation en capital qui précède puisque tous les biens existants pourront fournir l'usufruit de l'époux.

2° Le don où le legs ont été faits par préciput à des successibles.

Si les dispositions de 40.000 et de 20.000 sont faites par préciput à un successible, on calculera de la même façon.

3° Le don ou le legs ont été faits en avancement d'hoirie à des successibles.

S'il existe un enfant et que le don ou le legs soient de 90.000, ils absorbent la réserve 50.000 et 40.000 de la quotité disponible.

L'usufruit de l'époux est de $\frac{100.000}{4}=25.000$.

Il s'exercera sur 50.000 — 40.000 soit 10.000, sans qu'on puisse admettre l'évaluation en capital qui précède, puisqu'il n'y a d'autre bien existant que les 10.000.

S'il existe trois enfants, la disposition en faveur d'un des enfants étant de 45,000, il reste libre pour l'usufruit sur la quotité disponible ordinaire, soit 25,000, la somme de 5,000, et sur la réserve celle de 25,000, au total 30,000, l'usufruit de l'époux étant de $\frac{100.000}{4}$ ou 25,000, il s'exercera sur les 55,000 qui existent réellement. Il n'y aura pas alors lieu à réduction, puisqu'il restera toujours, comme biens réellement existants, la réserve des autres successibles qui est intacte.

Mais si la disposition en faveur d'un des enfants est de 80,000, le disponible ordinaire est absorbé ; reste le disponible entre époux, 25,000, en usufruit à prendre sur la réserve, cet usufruit s'exercera seulement sur 20,000, biens réellement existants, sans que l'évaluation en capital puisse être admise.

En résumé, il n'y aura lieu à évaluation en capital que si le surplus de la quotité disponible ordinaire étant insuffisant, il reste dans la réserve des biens réellement existants capables de fournir le reliquat de l'usufruit qui n'a pu s'imputer sur le disponible.

S'il résulte de ces opérations pour les réservataires non gratifiés le droit d'exiger du donataire qu'il supporte sur les biens à lui donnés la part lui incombant dans l'usufruit, lorsque celui-ci absorbe quelques-uns des biens réellement existants compris dans la réserve, ce donataire sera tenu d'effectuer le rapport réel des biens à lui donnés ou d'indemniser ses cohéritiers sans que cette circonstance puisse priver l'époux de son usufruit sur les biens existants. S'il y a là rapport réel, ce n'est pas au conjoint, qui n'y a pas droit, qu'il est réellement fait, mais aux héritiers. Cette sorte d'éviction du donataire est d'ailleurs fréquente en droit civil dans le cas de don ou legs de tout ou partie de la quotité disponible.

3. **Constitutions dotales.** — Si les dots sont constituées par le père ou la mère en valeurs propres au donateur, on suit les règles précédentes ; mais si les dots sont fournies en valeurs de communauté, la question se complique. Nous examinerons deux cas :

1° La dot est entièrement imputable sur la succession du prémourant.

Le défunt doit récompense à la communauté de la dot ainsi constituée, cette dot figure dans l'actif de sa succession et est soumise aux règles que nous venons d'étudier, en distinguant les biens donnés par préciput de ceux donnés en avancement d'hoirie. L'époux survivant comparaît à l'acte et, bien que sa comparution semble entraîner garantie du paiement de la dot et renonciation à tous droits d'usufruit sur les valeurs sorties de la communauté, il n'en résulte pas moins que l'usufruit portera sur les biens existants, et que son exercice ne garantira nullement le donataire de l'espèce d'éviction qui pourra résulter pour lui du rapport réel ou de l'indemnité dont il sera tenu vis-à-vis de ses cohéritiers, comme nous l'avons dit plus haut. Sans doute l'époux a pu ainsi contracter envers lui une obligation de garantie, mais c'est là une obligation personnelle qu'il peut exécuter autrement qu'en se voyant privé d'une partie de ses droits d'usufruit qui procèdent d'un droit successoral ;

2° La dot est imputable sur la succession du prémourant et subsidiairement sur celle du survivant des époux.

Je dis que dans ce cas l'époux survivant jouira toujours de la totalité de son usufruit, s'il n'existe aucune autre libéralité.

Prenons un exemple :

L'actif de la communauté est de . . . . . . 100.000 „
La récompense pour dot constituée à l'un des quatre enfants. . . . . 40.000 „

Total . . . 140.000 „
Moitié à la succession . . . 70.000 „

L'usufruit de l'époux survivant est de $\frac{70,000}{4}$ soit 17,500, valeur fiscale 8,750.

La part du donataire dans la succession du défunt est de :

1° 1/4 3/4 en toute propriété. . . . . . . 13.125 „
2° 1/4 1/4 en nue propriété, valeur fiscale. . 2.187 50

Le surplus de la dot a donc été constitué par l'époux survivant pour 40,000 (13,125 + 2,187,50), soit 22,500 en toute propriété et 2,187 50 en usufruit. Voici la liquidation :

Actif commun . . . .   100.000   »

Récompense par le défunt :

Toute propriété   13.125   » . . . ⎫
Nue propriété .   2.187 50 . . . ⎭   15.312 50

Récompense par le survivant :

Toute propriété   22.500   » . . . ⎱
Usufruit . .   2.187 50 . . . ⎰   24.687 50

Total . . .   140.000   »
1/2 à la succession. . . . .   70.000   »
Moins les récompenses du mari   15.312 50

Valeurs réelles . . .   54.687 50
Dont 2,187 50 pour l'usufruit. .   2.187 50

Reste. . .   52.500   »

Les enfants non dotés prennent leur part :

15,312 50 × 3 = 45,937 50 . .   45.937 50

Reste pour l'usufruit. .   6.562 50
Plus l'usufruit réservé   2.187 50

Total égal à l'usufruit de l'époux   8.750   »

L'enfant doté garde ses 40,000, mais il les prend pour 24,687 50 sur les récompenses dues par le survivant, valeurs réelles de la communauté. Quant à la veuve, elle prélèvera son usufruit :

1° Sur les valeurs attribuées en nue-propriété aux trois enfants. 6.562 50
2° Sur sa récompense en usufruit. . . .   2.187 50

8.750   »

Sans doute le survivant est débiteur de la portion de dot grevée de son usufruit et cet usufruit s'éteint par confusion, mais cette circonstance né fait pas obstacle à la perception, et il est dû :

> 3 0|0 sur 8,750
> 1 0|0 sur 52,500

D'où nous concluons que les enfants non dotés fourniront sur leur part les 3|4 des valeurs grévées d'usufruit, et que le surplus, soit 1|4, s'éteint par confusion.

Nous voyons ainsi que l'époux jouira toujours de son usufruit sauf son obligation personnelle de parfaire la dot, ce qu'il pourra effectuer de la façon qu'il l'entendra.

4. Dettes. — En principe, la quotité disponible n'est calculée que déduction faite des dettes, d'où on en a conclu que si la présence des dettes réduit les legs, et qu'un règlement soit intervenu avant la déclaration de succession, on doit payer les droits de mutation sur la somme nette qui revient au légataire. Cette solution, qui ne peut évidemment s'appliquer aux légataires universels ou à titre universel, puisque la déduction préalable des dettes sur la masse de la succession pour la fixation de la quotité disponible n'est exigée qu'en ce qui concerne les legs particuliers, ne peut également pas s'appliquer au legs particulier de l'usufruit ou d'une quotité d'usufruit qui est tenu de contribuer aux dettes en proportion de son émolument. La valeur à déclarer sera donc toujours une valeur brute calculée sans déduction des dettes qui la grèvent, ainsi que nous l'avons dit à la section cinquième (Loi du 22 frimaire an vii, art. 14, n° 8 et 15, n° 7).

ARTICLE 6. — PARTAGE ANTÉRIEUR OU POSTÉRIEUR
A LA DÉCLARATION DE SUCCESSION

Nous savons que si un partage antérieur à la déclaration intervient entre les ayants droit et si ce partage est pur et simple, il doit servir de base à la liquidation du droit de mutation par décès par application de l'article 830 du Code civil. Cette règle s'applique à l'usufruit de l'époux survivant ; s'il n'existe ni soulte, ni retour de lot, on déclarera les valeurs attribuées au conjoint. Quant aux dettes : 1° Si les ayant droits se chargent du paiement dans les termes de l'article 612, la perception ne change pas; 2° si une part d'actif est réservée pour le payement du passif, on ajoutera à 1/2 des valeurs soumises à l'usufruit de l'époux 1/2 de dettes correspondant à ces valeurs. On agit de même si cette part d'actif est attribuée à un des copartageants à charge d'acquitter le passif.

Si le partage est postérieur à la déclaration de succession et qu'il modifie par les attributions qu'il effectue les droits de mutation déjà perçus, l'article 60 de la loi du 22 frimaire an VII s'oppose à ce qu'une restitution soit demandée par les parties, mais la jurisprudence décide qu'un supplément de droit peut être exigé. Cette règle s'applique évidemment à un partage qui attribuerait à l'époux des valeurs susceptibles de produire un droit de mutation supérieur à celui qui résulte du calcul de l'usufruit sur l'ensemble des biens de la succession. Telle l'attribution d'immeubles ruraux à capitaliser par 25, alors que l'usufruit primitivement calculé sur tous les biens quels qu'ils soient donne un capital inférieur.

CHAPITRE III

Faculté de conversion de l'usufruit en Rente.

La nouvelle loi confère aux héritiers et à eux seuls, moyennant sûretés suffisantes, le droit de convertir jusqu'au partage l'usufruit en une rente viagère. Si les héritiers sont d'accord, le tribunal ne peut refuser la conversion; s'ils sont en désaccord, il peut écarter la demande.

SECTION PREMIÈRE

Droits de mutation par décès.

ARTICLE PREMIER. — CONVERSION POSTÉRIEURE
A LA DÉCLARATION DE SUCCESSION

Ains que nous l'avons vu, la mutation de l'usufruit supporte un droit de 3 0/0 sur la moitié du capital mobilier et sur le revenu au denier 10 ou 12.50 du capital immobilier, grevés de l'usufruit et les ayant droits de la nue-propriété acquittent les droits sur la valeur de la propriété, comme si l'usufruit n'existait pas. Au contraire, en cas de legs de rente viagère, le capital au denier 10 de la rente acquitte le droit de mutation de 3 0/0, mais ce capital est, comme legs non restant en nature, déduit de l'actif de succession pour la liquidation du droit dû par les héritiers. On voit quelle différence au point de vue du chiffre des droits de succession à acquitter produit l'une ou l'autre de ces mutations.

Si la conversion a eu lieu, les héritiers et l'époux ont intérêt à acquitter les droits sur la rente et non sur l'usufruit, en effet :

1° La rente ne représente que le revenu net de la quote part en usufruit de l'époux ;

2° Son capital se déduit de l'actif.

Supposons que la déclaration de succession soit passée avant la conversion effectuée, le receveur devra évidemment liquider les droits d'après les règles particulières aux transmissions d'usufruit, puisque c'est l'usufruit qui est *in obligatione.*

Cette question ne peut faire doute et l'obligation qui incombe alors aux héritiers n'est nullement une obligation alternative (C. civ. 1189); l'usufruit et la rente ne sont pas l'un et l'autre *in obligatione*, ce caractère appartient au seul usufruit, la rente est seulement *in facultate solutionis*, c'est-à dire soumise à la condition potestatoire du choix du débiteur. Ce qui est dû c'est l'usufruit, ce qui éteindra l'obligation si l'héritier le désire c'est la rente.

Nous savons en effet que, dans une donation alternative, on perçoit d'après la nature de l'objet dont la transmission donne lieu au droit le moins élevé, alors que dans une donation facultative, le droit est dû d'après la nature de l'objet principal de l'obligation.

Les droits une fois perçus, il importe peu que la conversion s'effectue ou non ; ils ne sont pas restituables, puisqu'ils ont été régulièrement perçus. (Loi 22 frimaire an VII, art. 60.)

ART. 2. — CONVERSION ANTÉRIEURE A LA DÉCLARATION.

L'assimilation que nous avons établie entre la faculté de conversion et la donation facultative nous indique quels droits sont exigibles lorsque la conversion est antérieure à la déclaration. Si la perception doit être effectuée sur la valeur, qui est *in obligatione*, c'est qu'au moment de l'enregistrement le choix n'est pas fait ; mais il n'est pas douteux que si ce choix a eu lieu avant la déclaration, la mutation qui a pour objet une rente et non un usufruit, doit supporter les droits en tant que rente et non en tant qu'usufruit. Puisque, après l'option, l'administration n'opère aucune restitution si l'objet *in obligatione* motive un droit supérieur, et qu'elle peut réclamer un supplément si l'objet *in facultate* entraîne un droit plus élevé, c'est donc que la perception est basée sur l'option, et que l'incertitude qu'elle entraîne cessant avant l'enregistrement, le seul droit exigible doit être celui afférent à l'objet choisi. Les obligations facultatives et alternatives diffèrent sur quelques points, mais elles ont un caractère commun, la rétroactivité inhérente à toute condition suspensive.

Cette question, très importante au point de vue fiscal, est considérable au point de vue civil, notamment en ce qui concerne le droit de jouir, d'hypothéquer ou de vendre. La solution à lui donner ne nous paraît pas douteuse et nous estimons que le conjoint n'aura aucun de ces droits tant que les héritiers n'auront pas exercé leur faculté d'option et fourni, soit l'usufruit, soit la rente. Que si cette solution, juste en principe, paraît exhorbitante dans ses résultats, nous répondrons que, bien que l'option appartiennent aux seuls héritiers, il appartient au conjoint de les forcer à opter en les actionnant en partage. Il peut se faire que les héritiers laissent, sans qu'un partage soit intervenu, le conjoint jouir de tous ses droits d'usufruitier, nous pensons alors que ce consentement peut parfaitement établir une sorte de renonciation par héritiers à leur droit d'option, ou plutôt leur choix de l'usufruit et que s'il ne leur enlève pas toujours la faculté de transformer l'usufruit en rente, faculté qui dure tant qu'un partage définitif ou une reconnaissance formelle de l'usufruit ne sont pas intervenus, il les oblige tout au moins à respecter les faits accomplis, c'est-à-dire les droits que l'usufruitier a pu légalement exercer. Ce cas que nous signalons seulement sera évidemment fort rare, il pourra résulter d'un acte, tel un partage provisionnel, ou des circonstances, il s'opposera à l'effet rétroactif de l'option et motivera toujours la perception du droit de mutation d'usufruit même au cas où la conversion interviendrait antérieurement à la déclaration, mais la preuve en sera difficile et toute entière à la charge de l'administration. Tout autre sera le cas d'une reconnaissance formelle de l'usufruit par partage, lotissement etc. suivi plus tard de la transformation de l'usufruit en rente, il y aura là un simple rachat d'usufruit moyennant un prix et ce rachat fut-il antérieur à la déclaration n'empêcherait pas la perception du droit de mutation d'usufruit.

- On objecte à cette solution que le droit reconnu par le législateur à l'époux survivant consiste avant tout dans un usufruit en nature et que l'obligation des héritiers ne comprend en principe qu'un seul objet l'usufruit. On ajoute que la conversion ultérieure est purement facultative et que quand elle vient à se produire elle n'efface pas le fait de la transmission d'usufruit qui s'est opérée de plein droit, lors du décès, au profit de l'époux survivant. Ces objections sont faciles à réfuter. Il ne s'agit pas de la conversion d'une valeur successorale en une autre valeur qui n'existe pas dans la succession mais en une autre valeur existant également dans l'actif, de tel sorte que cette conversion est l'exécution d'une simple obligation facultative et non une dation en paiement. S'il n'en était pas ainsi le conjoint pourrait vendre son usufruit au lendemain du décès, à un tiers moyennant une rente et les héritiers obligés pour exercer le retrait successoral (C.Civ. 841) de la payer au lieu et place du tiers acquéreur se verraient privés du droit de faire fixer le chiffre de cette rente, pour laquelle ils auraient pu opter, par le tribunal !

Nous conclurons donc que si la conversion intervient avant la déclaration, le seul droit de mutation exigible est celui qui est imposé aux rentes viagères, à moins qu'un partage ou tout autre acte ou un ensemble de circonstances ne soit venu avant la conversion, établir que les héritiers ont tout d'abord opté pour l'usufruit ou laissé le conjoint jouir de ses droits d'usufruitier.

SECTION IIe

Droits sur l'acte de conversion

ARTICLE PREMIER. — CONVERSION DANS L'ACTE DE PARTAGE

Les développements que nous avons donnés à l'effet rétro-actif de l'option nous indiquent la marche à suivre lors de l'enregistrement de l'acte de partage qui contient la conversion.

On ne peut soutenir que cet acte renfermant délivrance de l'usufruit entraîne le droit gradué de délivrance sur le capital à évaluer de la rente. Nous avons déjà dit que la loi du 28 février 1872 ne s'appliquait pas à la délivrance d'un droit successoral.

On ne peut non plus dire que le capital de la rente doit être ajouté à l'actif de succession pour être avec lui soumis au droit gradué de partage. C'est à notre avis une attribution de droits successoraux en valeurs non existant en nature dans la succession, mais non une charge et un passif comme le sont les legs ordinaires de rentes viagères, Aussi ne le déduirons-nous pas de l'actif, mais aussi ne l'y ajouterons-nous pas, puisqu'il y est virtuellement compris par les valeurs en usufruit qu'il représente.

Cette interprétation nous permet d'écarter le droit fixe de 3 francs de décharge, propre aux legs de rentes viagères, lorsque le droit de délivrance a déjà été perçu.

Enfin, nous dirons que si la conversion succède à un acte ou à des faits établissant nettement que les héritiers avaient tout d'abord opté pour l'usufruit, ou laissé l'usufruitier jouir de ses droits d'usufruit, il est dû le droit de 4 fr. 50 de réunion et, s'il y a lieu, le droit de 1,50 ou 0,50 0/0 de transcription, comme nous l'avons vu quand nous avons parlé des renonciations translatives, mais alors on déduit de l'actif, pour la perception du droit gradué de partage, le capital à évaluer de la rente, en vertu du principe *non bis in idem* et bien que ce rachat n'entraîne aucun droit de mutation, ce droit ayant été perçu par anticipation.

ARTICLE 2. — CONVERSION PAR ACTE SÉPARÉ

Puisque la conversion est un moyen de faire cesser l'indivision, quant à l'usufruit entre les héritiers et l'époux survivant, nous la considérons comme un lotissement et nous percevons le droit gradué de partage sur l'évaluation en capital de la rente. Nous continuerons donc à considérer la rente non comme un legs ordinaire, mais comme une attribution d'une quotité de droits successoraux en valeurs successorales.

Si comme précédemment, il y avait non pas simple exercice de la faculté d'option, mais rachat de l'usufruit moyennant une rente, c'est le droit de 4 fr. 50 et en outre, s'il y a lieu, le droit de transcription qui seraient exigibles.

CHAPITRE IV

Dette alimentaire.

La loi nouvelle réserve au conjoint privé d'usufruit ou dont l'usufruit joint à ses ressources personnelles est insuffisant pour lui permettre de vivre, le droit de réclamer à la succession de son conjoint une pension alimentaire (C. civ. 205, 206 et 207). Cette pension susceptible de diminution ou de suppression, selon les changements dans la situation de fortune du bénéficiaire (C. civ. 209) est basée sur l'actif de la succession et sur la situation de fortune du conjoint (C. civ. 208) ; elle ne peut donc, une fois fixée, être augmentée que si des biens rentrent ultérieurement dans l'hérédité et que l'actif primitif n'ait pas suffi à fournir une rente convenable. Elle doit être demandée dans l'année du décès et ce délai se prolonge, en cas de partage, jusqu'à son achèvement ; enfin elle est indépendante des ressources des héritiers chargés de la fournir ; en cela elle ne diffère pas de la dette alimentaire du Code, puisque le débiteur est ici non l'héritier, mais l'hérédité (C. civ. 208) et que celui-là y est tenu non comme débiteur, mais comme détenteur de biens de la succession (C. civ. 209). C'est une dette de l'hérédité ; elle donne au conjoint le droit

de réclamer la séparation des patrimoines (C. civ. 878) et de
prendre hypothèque dans les six mois, à compter de l'ouver-
ture de la succession (C. civ. 2111), sauf les droits des créan-
ciers du défunt, mais au détriment des héritiers ou des légataires, quels qu'ils soient.

SECTION PREMIÈRE

Droits de mutation par décès.

De ce fait que la pension alimentaire est une dette de la
succession, il en résulte qu'on ne peut l'assujettir aux droits
de mutation par décès entre époux. Elle sera assimilée à la
nourriture à l'habitation (C. civ. 1465) et à la créance de
deuil (C. civ. 1570 et 1481) auxquelles la veuve a droit sur la
succession de son mari. A ce même titre on ne la réduira
pas non plus de l'actif de succession pour la perception de
l'impôt.

SECTION IIᵉ

Droits sur l'acte de constitution.

Puisque la pension du conjoint doit être assimilée à la dette
alimentaire du Code Civil, l'acte qui constate l'accomplisse-
ment de cette obligation, est évidemment soumis aux règles
de perception ordinaire. Le droit sera donc celui de 0.20 p. c.
proportionnel (L. 16 juin 1824, art. 1ᵉʳ) et il devra être liquidé
sur un capital formé de dix fois la pension (L. 22 frimaire
an VII, art. 14, § 9).

La dette alimentaire est de droit payable en argent, mais
les articles 210 et 211 réservent dans certains cas aux débiteurs de la pension, la faculté de recevoir dans leur demeure,
de nourrir et d'entretenir celui auquel ils doivent des ali-
ments. Ce mode de libération est également passible du droit
de 0.20 p. c. sur 10 fois l'évaluation de la prestation. D'après la
la loi nouvelle, la succession étant seule tenue de la dette,
ces articles ne peuvent trouver leur application. Toute convention qui interviendrait entre les héritiers et l'époux pour

transformer la pension en une convention d'habitation, de nourriture et d'entretien, serait donc un simple bail à nourriture passible du droit de 0.20 p. c. s'il est fait pour une durée déterminée (L. 22 frimaire an VII, art. 69, § 2, nº 5) et de 2 0/0 s'il est fait pour une durée indéterminée ou à vie (Même loi, § 5, nº 2) liquidé sur un capital formé de 10 fois la pension ou le capital de la prestation.

Quant à l'acte qui supprime ou réduit le chiffre de la pension, il est passible du droit de 3 francs comme acte d'exécution (Même loi, art. 68, § 1, nº 6), il en est de même de l'acte de renonciation pure et simple par le conjoint.

PLAN DE L'OUVRAGE

TABLE DES MATIÈRES

Paris. — Imp. L. GUÉRIN et DERENNE, 26, rue des Petits-Carreaux.

AVIS TRÈS IMPORTANT

A MM. les notaires, avoués, greffiers, huissiers, agents
d'affaires et leurs clercs

Les offres et demandes d'études sont insérées gratuitement dans le Bulletin des Nominations de la Nouvelle Revue mensuelle des Droits d'Enregistrement et de Timbre.

Ce Bulletin paraît tous les Samedis

Abonnement par an : **1 fr. 50**

PRÉPARATION PAR CORRESPONDANCE

A

L'EXAMEN D'ADMISSION AU SURNUMÉRARIAT

DANS

L'ADMINISTRATION DE L'ENREGISTREMENT

(2e année)

La *préparation par correspondance* commencera, pour le concours de 1892, le 1ᵉʳ décembre 1891 et continuera jusqu'à l'examen écrit.

L'abonnement est de cinq francs par mois, il donne droit à deux questions, deux modèles ou corrigés et à *deux copies corrigées et classées* (ces copies sont renvoyées aux candidats dans la huitaine).

Les candidats qui s'abonneront pour toute la durée de la préparation recevront en prime gratuite : *La Nouvelle Revue* (année 1891) et les questions et corrigés de la préparation de 1891.

Les abonnements sont reçus immédiatement ; le Bulletin de la souscription à *toute la durée* de la préparation doit être accompagné d'un mandat de dix francs à valoir sur le montant de l'abonnement pour recevoir les primes ; cette somme sera imputable sur les deux derniers mois de l'abonnement. Les abonnements sont payables par mandats mensuels de cinq francs adressés le 1ᵉʳ décembre, janvier, etc.

NOTA. *Cette préparation sera faite cette année par des professeurs spéciaux et compétents.*

ÉCOLE DE NOTARIAT DE PARIS

Fondée par décision de M. le Ministre de l'Instruction publique
du 21 Juin 1865

Directeur : E. MEUGNY

ANCIEN PRINCIPAL CLERC DE NOTAIRE A PARIS, ET ANCIEN MEMBRE
DE LA CHAMBRE DES NOTAIRES DE CLERMONT (ORNE)

39, rue de Grenelle, Paris

DURÉE, DISTRIBUTION & RÉPARTITION DES COURS

I. — L'enseignement dure *une année ;* toutefois il est fait un Cours supérieur de *deuxième année* portant spécialement : sur l'étude très approfondie des actes de sociétés et des taxes sur les sociétés, des testaments et donations sous toutes leurs formes, des liquidations et partages et des déclarations de succession.

Le temps passé à l'Ecole n'interrompt pas le stage, il est délivré à la sortie de chaque élève un certificat constatant son assiduité.

Les Cours commenceront cette année *le Lundi 3 novembre et finiront le 1er Août* 1892 ; les demandes d'inscription devront être parvenues au plus tard *le 15 Octobre.*

II. — Les séances ont lieu tous les jours, de huit heures trois quarts à onze heures (Dimanche et Jeudi exceptés), **au siège de l'Ecole, 39, rue de Grenelle.**

Chaque Cours est divisé en trois parties :

La première partie comprend la correction des actes ou contrats qui ont été faits à domicile par les élèves.

La deuxième partie est consacrée à une conférence orale d'une heure et demie.

Et la troisième partie consiste dans l'exposé de la nature et des conditions de l'acte ou du contrat à faire pour le lendemain.

III. Les Cours comprennent le droit civil, l'Enregistrement et la pratique notariale, qui sont faits par trois professeurs différents.

Paris. — Imp. L. GUÉRIN et DERENNE, 26, rue des Petits-Carreaux.

www.ingramcontent.com/pod-product-compliance
Ingram Content Group UK Ltd.
Pitfield, Milton Keynes, MK11 3LW, UK
UKHW021006120726
13693UKWH00004B/1797